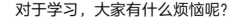

对于学习，大家有什么烦恼呢？

"已经拼命努力学习了，却一直没什么进步……"

"好想更轻松地提高成绩啊！"

我很理解大家的这种心情，谁都有这样想的时候。

那么，我想带给大家一种灵活运用大脑运行机制的学习方法。

通常，我们认为，提高成绩所必需的是天赋和努力。但实际上，只要了解了大脑的运行机制，并在此基础上重新认识学习方法，成绩很快就能提升上去。

　　我常年在东京大学进行与大脑运行机制相关的研究。在此期间，我对"大脑为什么会遗忘""怎样才能轻松地记忆"这些与学习紧密相关的问题有了科学的认识。

　　本书将借助漫画和大幅插图，轻松有趣、简单易懂地介绍如何运用大脑运行机制的知识帮助我们学习。

　　我衷心期望大家能充分利用大脑的运行机制打造"学习型大脑"，在享受学习的同时提高成绩。

池谷裕二

序章　　小伸与古老师的相遇 ……………………………………………… 1

第一章　　学过的东西为什么会很快遗忘？　　5

比起记住，大脑更擅长忘记！ ……………………………………………… 8

记忆分为"短期"和"长期" …………………………………………… 10

决定信息是否要被遗忘的是"海马体" …………………………………… 12

重复使用信息，瞒过海马体！ …………………………………………… 14

第二章　　知道并理解！建立在大脑运行机制上的学习方法　　17

大脑是怎么遗忘信息的? ……………………………………………… 20

把握好复习的时机 …………………………………………………… 22

记忆的关键在于"输出"，而不是"输入" ……………………………… 24

在学习中不断进行测试！ …………………………………………… 26

只靠重复观看是没用的！ …………………………………………… 28

要习惯辛劳！ ………………………………………………………… 30

不要让大脑觉得"明白了！""已经结束了！" ……………………… 32

第三章　　谁都能做到！提高记忆力的学习方法　　37

用好奇心来提高记忆力的"兴致勃勃学习法" ……………………… 40

边调动情绪边记忆的"回忆学习法" ………………………………… 42

用"狮子法"巧妙骗过海马体！ …………………………………… 44

用"一小步法"积少成多 …………………………………………… 46

使用听觉输入，用"兔子学习法"记忆 …………………………… 48

一学就能用的学习方法，还有很多！ ……………………………… 50

第四章 睡觉也是学习？睡眠与记忆的奥妙 53

做梦是海马体正在活跃的证明 56

只靠睡觉就能"明白了""做到了"？ 58

一点点学，一点点睡 60

在睡前完成需要记忆的学习内容 62

在合适的时间学习合适的科目，做好时间规划吧！ 64

尾声 小伸终于考到 100 分！ 70

想知道更多

大脑起作用，正因它很"随便"！ 16

创造适宜学习的环境 34

在考试前写下你担心的事情 52

特别附录 如何打造有干劲的大脑

不要等待有干劲的时候，要主动去激发！ 66

给自己鼓劲的四个小窍门 68

※日语中「○」表示正确，「√」表示错误。

1

2

3

4

第一章

为什么会忘记学过的东西?

为了打造"学习型大脑",

首先要知道大脑的记忆和遗忘机制!

学过的东西
为什么会很
快遗忘?

大家有没有这样的经历呢？因为忘记了仅见过一次面的朋友的名字，而在第二次见面时感到十分窘迫："咦？他叫什么名字来着？"有没有因为记不住必须记住的电话号码、九九乘法表，或者刚学会的汉字写法而烦恼呢？人为什么会这么健忘呢？

这不是因为你笨！这种现象是大脑的构造导致的。

人类的大脑有记忆各种各样的信息的能力。但实际上，被遗忘的信息远多于被长期记住的。比起记住，大脑更擅长忘记。

为什么大脑更擅长遗忘呢？

因为涌入的信息太多了！

进入大脑的信息非常多。影像、声音、气味……要是全部记住，大脑一下就会爆满了。

塞不下这么多啊！

让我进去！让我进去！

慌慌张张

这边的进来。

这边的拜拜！

不重要的信息

重要的信息

咦！太过分了！

为了不让自己爆满，大脑做出了选择！

大脑能承载的信息量是有限的。所以，大脑为了记住重要的信息，会选择忘记其余的信息。

热量会不足的！

大脑的重量只占体重的 2%，但所需的热量竟占到了人体总消耗热量的 20%！别看大脑个子小，它可是个"吃货"呢。所以大脑会尽量避免浪费热量。

大脑

吃 吃 吃 吃

就是这样！

将你所见、所闻、所感的信息保存在大脑里，这就叫作"记忆"，也就是"记住"。

大脑中有两个保存信息的地方，分别被称为"短期记忆区"和"长期记忆区"。

"短期记忆区"是所有信息最先被存放的地方；虽然能进入的信息量大，但存放信息的时间很短。

"长期记忆区"是只储存重要信息的地方；虽说能进入的信息量不大，但可以长期保存信息。

"短期记忆区"容量虽大，但随着新信息的不断进入，旧的信息也在不断被抛出。被抛出的信息要么被遗忘，要么进入"长期记忆区"。

长期记忆区

长期保存信息的地方

长时间内不会遗忘的信息

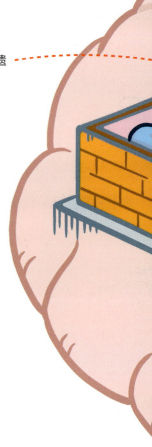

短期记忆区 = 暂时存放信息的地方
长期记忆区 = 长期存放信息的地方

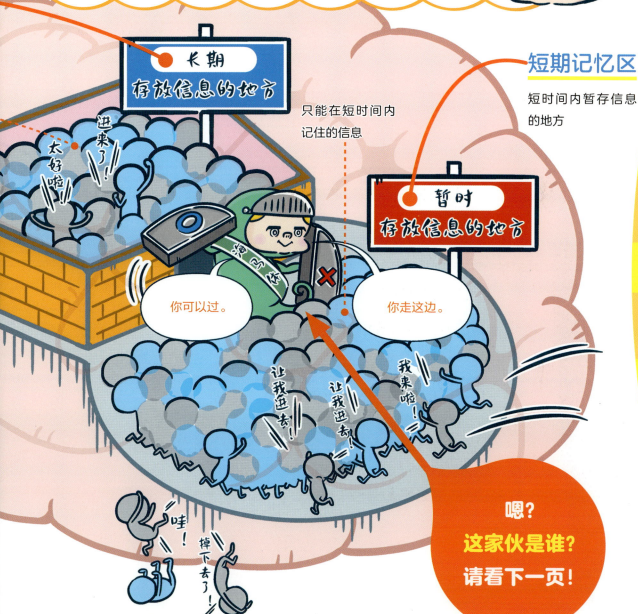

我在上一页，找找看！

大脑

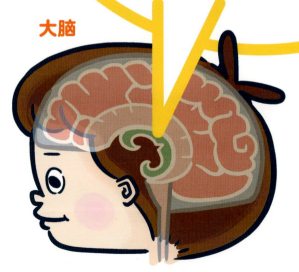

- 我在大脑的这个位置
- 大小如同孩童的小指
- 我长得像生活在海里的海马

海马又被称为"被龙遗落的孩子"。

12

谁来决定进入大脑的信息是被遗忘还是被长期记住呢？

这是由海马体来决定的！海马体位于大脑的深处，从事分拣进入大脑的信息的工作。

进入大脑的信息是不是不可遗忘的重要信息，全凭海马体来分辨。无论你认为这信息有多么重要，必须记住，只要海马体认为它不重要，你就记不住。

那么，海马体是用什么基准来判断信息是否重要的呢？

你不重要，可以消失了。永别了！

你是重要信息，可以去长期记忆区了！

海马体只会将重要信息送往长期记忆区。

从远古时期开始，人类就在大自然中靠狩猎、采集、养殖繁衍下来。远古人类的生活远比现代人类艰辛，有时会找不到食物，或是被猛兽盯上。所以，对于人类来说，最重要的是"能活命的信息"。

现代人类的大脑跟远古人类比起来，在这方面没什么变化。所以海马体还是会去保存"能活命的信息"。可是，在学校里学到的知识并不是"能活命的信息"。因为汉字既不能吃，也不能直接保护人类免受伤害。

大脑起作用，
正因它很"随便"！

你是否曾经想过，要是大脑能像相机或电脑那样，在一瞬间记住全部细节就好了？那样的话考试就肯定能得满分了！

但是，记住太多细节也会出问题的。

你的朋友就算戴上了口罩，你也一定能认出来，可电脑就不行。因为电脑记住了你朋友面部的所有细节，所以会做出这样的判断：眼睛是一样的，可是嘴不一样，所以不是同一个人。

为什么你能认出你的朋友呢？是因为你的大脑"随便"得恰到好处。只要重要的部分是相同的，就算细节有一些差异，也能让你觉得"这是同一个人"。

幸好大脑是很"随便"的！

大家开始明白大脑的运行机制了吗?
第二章将会介绍学习方法和诀窍。
与以往的学习方法相比,
你一定能找到"更好记"的学习方法。

第二章

知道并理解!
建立在大脑运行
机制上的学习方法

原来不是只有我一个人一开始就忘记这么多啊！

显示遗忘方式的图表"遗忘曲线"

以记住 10 个无意义的单词为例。一开始会快速忘记大部分单词，之后则是一点一点地遗忘。

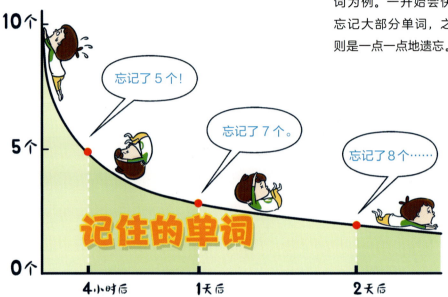

忘记了 5 个！

忘记了 7 个。

忘记了 8 个……

记住的单词

10个
5个
0个

4小时后　　1天后　　2天后

为了更好地跟爱忘事的大脑相处，首先得知道大脑是怎么去遗忘信息的。

学者艾宾浩斯曾做过一个关于遗忘速度的测试，结果显示，人们的遗忘方式是相同的。

刚记住的信息中的一部分会以很快的速度被遗忘，但随着时间推移，剩下的信息被忘却的速度就会减慢。把这种方式画成图表，就是艾宾浩斯曲线。

通过复习可以减缓
遗忘速度哦！

复习后的"遗忘曲线"

对学习过的内容进行复习，就可以减缓遗忘内容的速度。通过回想起一度被忘记的内容，我们能够把这些内容记得更久。

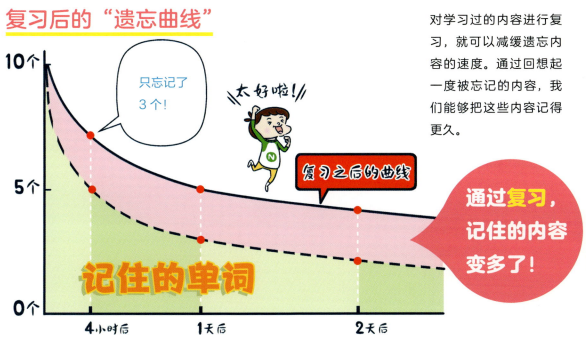

只忘记了3个！

太好啦！

复习之后的曲线

记住的单词

通过复习，记住的内容变多了！

10个

5个

0个

4小时后　1天后　2天后

那么，记性好和记性差的人的区别在哪里呢？那就是有没有使用适合大脑运行机制的学习方法啦。

对于已经记住的内容，你是不是就不管不顾啦？这样的话记得的内容会越来越少。

但是，通过复习已记住的内容，再重复记忆一遍，记忆就会变得更牢固。遗忘曲线的坡度会变缓，忘却的内容会减少。

如果进行了复习，4小时后能记住的内容就会从10个中的5个增加到7个！

复习的好时机是……

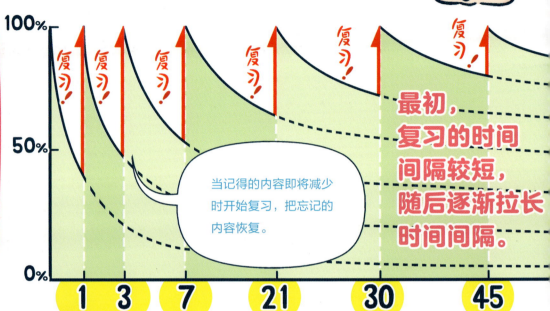

当记得的内容即将减少时开始复习，把忘记的内容恢复。

最初，复习的时间间隔较短，随后逐渐拉长时间间隔。

1　3　7　21　30　45

2 个月复习 7 次！逐渐拉长时间间隔。

把握好复习的时机

要点

每次复习都要用同样的书！

复习的时候，每次都要用同样的参考书和练习册。如果使用了别的书，就会被大脑认为"这是新信息"，也就达不到复习的效果了。

现在你应该明白复习的重要性了吧？那么，在什么时候复习、复习多少才对呢？

负责判断信息是应该被遗忘还是应该被记住的，是大脑里的海马体。海马体大概会花上一个月，对信息进行筛选。在这期间重复回想起的信息，就会被海马体认定为"重要的信息"而被储存下来。否则，就会被判断为"不重要的信息"。

也就是说，要在学习后的一个月内的关键时期进行复习。

但是，每天胡乱复习是会浪费时间的。依据各种各样的实验得出的结论，我们应该像左边的图表那样进行复习。在最初的一个月内复习5次，在之后的一个月内复习2次，总共复习7次。这种时间安排是符合大脑的运行机制的。

　　大脑的运行机制还有其他特征哦。大脑会认为信息的"输出"比"输入"更重要。

　　"输入"就是指通过看课本和笔记，将信息记在大脑里。而"输出"则是通过解练习题或跟同学讨论，将储存在大脑中的信息拿出来使用。

　　当然，没有输入就不能输出。但是为了记住输入的信息，将它拿出来使用则效率会更高。

　　为什么呢？因为海马体是这么认为的："既然被回想起来，而且使用了那么多次，那它一定是重要的信息，一定得记住！"

大家觉得为什么要测试呢？是为了在学习后检测有没有记住学习内容吗？的确，测试经常有这个用途。但是实际上，作为"输出"中的一类学习方法，测试有非常好的效果。

所以即使是刚学过，还记得不是很清楚，也应该去做一做测试形式的练习册。

错了也没关系！碰到不会的题，大家一定会开动脑筋吧，这就是在创造能引导出正确答案的提示。比起一开始就知道正确答案，这样更能加速理解哦。

在学习中进行测试有什么意义？

你的思考和想象能成为提示！

即使不知道答案，也会自己去想象，去思考。这个过程就能成为之后回想起知识点的提示。

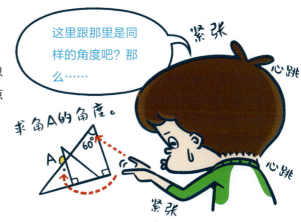

这里跟那里是同样的角度吧？那么……

紧张　心跳　心跳　紧张

求角A的角度。

我记得形状偏长的就只有长野县，原来还有其他的县啊！

社会 仲 60
长野 ✓
新潟

错误也能增强记忆！

学习中的测试做错了也没关系！错误的经验也能成为之后回想起知识点的提示。

※ 书中地图系原文插附地图。

测试能成为"输出"的练习。

在重要考试时，容易出现因为过于紧张而头脑一片空白的情况，对吧？不过，通过学习过程中的测试进行预演，大脑就能变得"擅长想起来"！到了关键时刻也就不容易紧张了。

输出练习

所以请在学习过程中进行测试！

虽然有点突然，让我们来挑战以下两个问题吧！

只靠重复观看是没用的！

第一题：

请看这 7 个一日元硬币。硬币是大家经常看到的吧，那么，这 7 个图案中哪个是正确的呢？

28

大部分人可能都想不起来吧。

一元硬币应该是常见的，但是我们却想不起它正确的图案；在学校和车站都会放置灭火器，有些地方也会有 AED，我们却想不起它们具体在什么地方。

你觉得这是为什么呢？

对，只靠看是很难记住东西的。

你现在应该明白了为何记忆不能只靠"输入"，"输出"也很重要了吧？

第二题：

下图是灭火器和用于现场急救的自动体外除颤器（AED）。这两样都是紧急情况下的重要物品。你能想起它们在你附近的什么地方吗？

完全想不起来！

第一题的答案：硬币

大家应该都产生过"好想轻轻松松就记住知识啊""想知道适合自己的学习方法"这样的想法吧。

遗憾的是，这种想法是错误的。

根据某实验结果，经常阅读难懂的文章的人，在记忆测试中的得分是只阅读简单易懂的文章的人的两倍。这清楚地显示，比起轻松的过程，有些辛苦的过程更有助于记忆。

比起简单的书，应该阅读较深奥的书

在简单的书和较深奥的书之间应该选择较深奥的，在易懂的书和难懂的书之间应该选择难懂的。这样才能更好地锻炼记忆力。

虽然很难，但我要努力读！

小伸好努力啊。这一定是很重要的信息！

要习惯辛劳！

只要辛勤努力，
谁都能记住！
大家都一样！

比起很简单的参考书，应选择值得反复阅读的参考书。不要只用眼睛看，也要动手写写画画。虽然这样更"辛苦劳累"，但相应地也更有助于记忆。

要知道，轻松获得的知识也会马上被忘记。

与其直接看答案，不如再想一遍

做题出错的时候，不要马上去看答案。把错的题再思考、回想一遍，才能够牢固掌握！

别光看，要动手

想记住知识的时候不要只是阅读，动动笔写一写更容易记住。

不看答案，自己再稍微想想！

虽然很麻烦，但我要抄下来！

1 首先让实验参加者做了很多简单的工作,如用黏土作业、组装箱子等。

从前有一位叫布鲁玛的学者做了一个有趣的实验。

2 这些工作中有一部分一直做到了结束,另一部分则半途叫停,实验参加者转而做下一项工作。

大脑会强烈地期待"把事情做到最后,完成它",所以中断了的工作能引起大脑的注意,留下更深的印象。务必把大脑的这种特征运用到学习上!

3 最后询问参加者:"你记得的是哪些工作?"结果居然是:参加者清楚记得的是那些中途停止了的工作。

假如你现在得学习语文、数学、科学三个科目。一般来说，谁都想先把语文学完，好好地享受一下"学会了！做完了"的愉快感觉，再去进行下一个科目的学习。可是我们要故意在"还想再学一会儿"的时候转向下一个科目的学习。

这种学习方法叫作"交替学习"。"交替学习"可以保持住大脑"想坚持到最后"的状态，就算学习所花费的时间相同，效果也会大不一样。

通过故意不做完，
维持大脑的干劲！

创造适宜学习的环境

①不要一心二用

学习的时候要专注。这话看似老生常谈，但真的非常重要。

把手机和电视关掉，把玩具和漫画书等忍不住让人想玩耍的东西和学习时用不上的东西放到视线范围以外去。整理好身边的环境，注意力集中程度就会大大上升。

②不要让房间里过于安静

虽然不能开着手机和电视，但大脑也不喜欢过于安静的环境。

最好是能听到自然界的声音，如风雨声、河水流淌的声音等。如果没有条件的话，也可以听着空调或风扇的声音，总比什么声音都没有要好。安静的同时又有一些人声的图书馆也是不错的学习环境。

③和朋友一起学

大家一起吃饭比独自吃饭更开胃，大家一起看电视也比一个人看要开心。

比起独自一人，在和他人一起完成某件事情的时候，人会产生各种各样的情绪，兴趣也会变得更加广泛。所以跟朋友一起学习也可以提高记忆力。

※ 关于情绪和兴趣，在第 40 页至第 43 页有详细说明。

一起加油吧！

坐端正

④学习时要坐端正，表情轻松

面带笑容自然会有干劲，坐端正能提高注意力集中程度。你可能觉得这很不可思议，但这是经过科学证明的。

所以，"因为没干劲，所以不想学习"完全是借口。越是想着"我不想学习"的时候，越是要端正姿势，摆出轻松的表情。向天空举起拳头挥一挥也可以哦！

※ 关于干劲，在第 66 页至第 69 页有详细说明。

⑤给自己准备好奖励

像老师给你贴上的表示"你真棒"的小红花一样，一点小小的奖励也能帮助提高成绩。

可以自己给自己颁奖。比如"把练习册做到这一页就可以吃点心""复习7遍就可以买一本新漫画书"等。

但是如果设定了"如果做不到就扣零花钱"这样的惩罚，成绩反而可能会下降，所以惩罚的设定要慎重哦。

再做两题就吃点心！！

第2题
15

第1题
$\frac{4}{7} + \frac{2}{7}$

妈妈在使用餐桌，我就在这里学吧！

⑥不时换个地方学习

学习学累了，就到客厅或者图书馆去学，大家可以换个地方学习试一试哦。

有实验显示，在背英语单词的过程中只须换个地方背，效率居然能达到原来的1.6倍！

如果没有其他能学习的房间，也可以在同一个房间里换换地方。换地方的时候要把学习工具收拾到一起，然后迅速移动哦。

"唉，结果还不是要复习好几次。"

现在叹气还太早了。

第三章将会介绍更多简便易行的

记忆方法。

谁都能做到！
提高记忆力的
学习方法

※书中地图系原文插附地图。

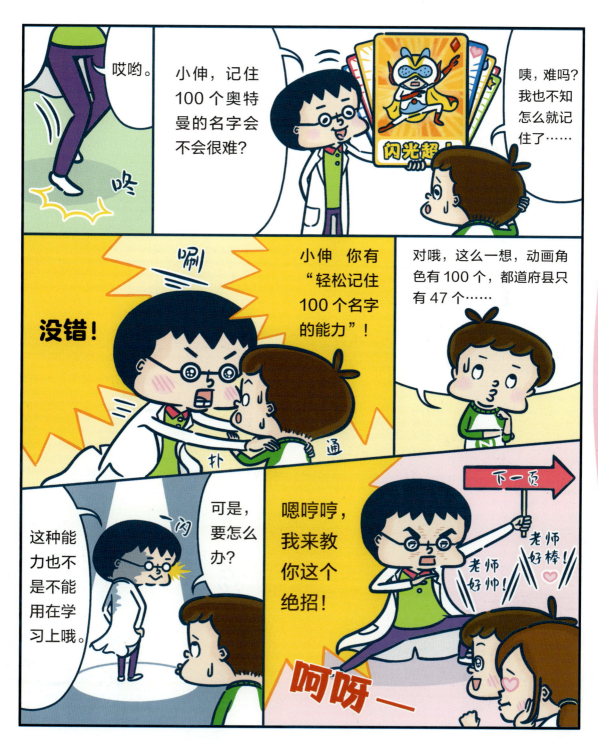

喜欢的动画角色名字总是一下就能记住，课本上的内容却老是记不住，这是为什么呢？

这是因为对着动画角色名称，你是怀着好奇心，兴致勃勃地去记。

人在兴奋的时候，他的大脑里面发生了什么呢？

首先，在好奇的时候，海马体会释放出一种叫作"θ波"的类似于电波的东西。在海马体释放 θ 波时如果有信息输入，即使是第一次接收的信息，海马体也会做出"这些信息非常重要"的判断。于是，这些信息就会被牢牢记住。

θ 波的效果十分显著。相关研究显示，在海马体释放 θ 波的情况下，复习的次数可减为原来的四分之一。

怎样才能让海马体释放 θ 波？

在现实中
去看、去做

这是课本上见过的鳞状云！

这件衣服可能也是塑料瓶做的？

塑料瓶的循环利用

塑料瓶　塑料薄膜

纤维

跟身边的事物
联系起来思考

在学习中找出兴奋点！

要怎么做才能让杏仁核工作呢？

边调动情绪边记忆的『回忆学习法』

还有其他跟 θ 波一样能提高记忆力的东西。这就是"情绪"。

碰到让人高兴或是令人悲伤的事情时，可以产生"高兴""悲伤"等情绪的是大脑中紧邻海马体的部分——"杏仁核"。海马体接收到杏仁核产生的情绪时，就会将同时输入的信息判断为"重要"，牢牢记住。

想不起来……

注意调动情绪！

比起从别人那里听来的事情，你应该对自己经历过的"回忆"记得更清楚吧。这是因为，在你经历这些事情时，杏仁核产生了较强烈的情绪。

所以学习的时候要调动情绪，将想要记住的东西变成自己的"回忆"，就能更好地记住啦！

我们可以从在严酷大自然中生存的狮子身上得到灵感，创造一边提高记忆力一边学习的方法。这种方法的名字就叫作"狮子法"！

为了记住信息，我们得欺骗大脑中的海马体，让它把信息当作"性命攸关的情报"。"狮子法"就是用来欺骗海马体的方法。

"狮子法"有三个要点："保持饥饿""保持走动""保持寒冷"。

让海马体认为，"咦？现在好像正发生着性命攸关的事"，就能提高记忆力。

"狮子法"具体怎么操作？

 要点①

保持饥饿

对于野生的狮子来说，饥饿有可能导致死亡，是很严重的事态！所以我们在适度饥饿的时候，记忆力会提高。想要记住什么东西，可以在饭前去记哦。

我要加油！

要点②

保持走动

狮子在狩猎的时候要么跑动，要么走动。狩猎时间是为了维持生存的重要时间，所以在背书的时候，只要保持走动，记忆力就会提高。坐在公交车或电车等交通工具上也有类似的效果，安全起见，请不要在走路的时候看书哦。

要点③

保持寒冷

寒冷的冬天是难以获得猎物的季节，这时海马体也更容易感受到生存危机。所以学习的房间要弄得凉快一点哦！

①饿着肚子；②走来走去；③在冷的地方学习。这样就完美了！

（竖排标题）

用『一小步法』积少成多

"这对我来说太难了！""我能记住这么多吗……"在学习的时候，你有时会觉得自己碰到了难以逾越的高墙。这时你是努力尝试跨越还是选择放弃呢？

这时候最合适的就是"一小步法"。一小步，也就是小小的一步。

当你遇到难题，就先从自己会的开始！

觉得两位数的除法难的话，先不要尝试马上就搞懂它。学习了个位数的除法再去学习两位数的，这样反而能更快达到目标。

轻轻松松。

目标

太难了！

困难的除法

简单的除法

咚

咚

咚

如果觉得难度太高，就先从自己会的开始，一点一点提升难度。知识量太大的时候，不要想着一口吞下，而是分解开来，一点一点完成。

从简单的地方按部就班地着手，看似绕了远路，实际上是最快捷的做法。了解自己"能做到的难度"和"能做到的量"，积跬步而至千里。

※ 书中地图系原文插附地图。

太多的话就一点点来！

如果必须记住世界上所有国家的名字，那就不必强求一次全部记住，而是每天只记一部分，坚持下去。

将要做的事情分解成小步骤！

旧石器 绳文
弥生——♪
古坟 飞鸟 月

大声朗读

全部朗读也太累了，挑出重点内容，用清晰的声音反复朗读！

光合作用
植物在光照下
产生淀粉……

科学 4

将要记住的内容编成歌谣

比起单纯的阅读，信息随着旋律一起传到耳朵里更有助于记忆。

　　无论是阅读课本还是整理笔记，大家学习的时候用得最多的感官，都是"眼睛"吧。但实际上，比起使用"眼睛"，使用"耳朵"更有助于记忆。你知道这是为什么吗？

　　原因可以从动物的进化历程中找到。从远古时期开始，动物就经常使用听觉。所以比起视觉信息，大脑更擅长记忆听觉信息。

向别人讲解

向别人讲解不仅有助于让自己回忆起已学的内容，同时开口说话的声音对记忆也是有帮助的。

**将信息
从耳朵输入，
牢牢记住！**

录下自己的声音

只要有了录音，就可以反复听，用耳朵记忆。

比起使用听觉的悠久历史，视觉的使用到后面才慢慢变得频繁了。我们的大脑虽然现在常使用视觉，但关于听觉记忆的这种习性还残留着。

那么我想介绍给大家的就是"兔子学习法"。将想记住的内容朗读出来，录下来，转换成声音，从耳朵输入！

一学就能用的学习方法，还有很多！

顺口溜法

请叫醒（794年）黄莺平安京

这是把想记住的数字和词语编成顺口溜的记忆方法。在记历史年号时很好用哦。窍门就是编出与记忆内容相符的顺口溜。

除了以上介绍的学习方法，还有各种各样的记忆方法哦。找到适合自己的记忆方法，学习就会变得更快乐。

藏头诗法

这是把想记的内容的第一个字排列起来，编成口诀的记忆方法。在记比较长的内容的时候很好用。有韵律又有意义的口诀能方便记忆。

氢氦锂铍硼，碳氮氧氟氖～♪
H He Li Be B C N O F Ne
（元素周期表）

额头是
织田信长，
鼻子是
丰臣秀吉，
嘴巴是
德川家康。

贴便条法

这是在五官等身体的部位上贴上想记住的东西的记忆方法。只要想起身体的部位，就能自然地想起贴在上面的词语。

切分法

这是把想记住的东西分割成小部分记忆的方法。可以把由 11 个数字构成的电话号码分成 3 个部分记忆，或是把汉字按偏旁部首拆分开来记忆。

山形县的形状
好像人的脸啊！

哇哈哈哈

"看着像……" 法

这是把想记住的东西的形状跟其他类似的东西联系起来记忆的记忆方法。从各种角度观察，快乐地想象眼前的东西与什么相似吧！

※ 书中地图系原文插附地图。

在考试前
写下你担心的事情

　　大家都想在考试的时候好好地回想起学过的内容。可是越是面临重要的考试，就越怕出错，于是越来越紧张，反而想不起来。不安和紧张能阻碍大脑的正常运行。

　　面对这种情况，我要教大家一个能让大脑运转起来的"绝招"。

　　那就是：把心中的不安写在纸上。就这么简单！

　　人最害怕的是看不见的东西。所以把不安写成肉眼可见的文字，不安反而会消失。一安下心来，大脑就能正常运转了，于是考试分数也能提高。

　　但是，有一点必须注意。如果写下的是跟考试无关的担心的事情，或是"考试结束了就要跟朋友们一起踢足球"之类的"好事"，就没有什么效果。要写的是跟考试有关的自己担心的事情。

　　这一招，每做一次，效果能持续数天。大家不妨试一试。

"为了考试，牺牲了睡眠时间来学习！"

……这其实是违背大脑的运行规律的。

第四章将介绍睡眠与学习之间的

密切关系。

睡觉也是学习？
睡眠与记忆
的奥妙

?!

54

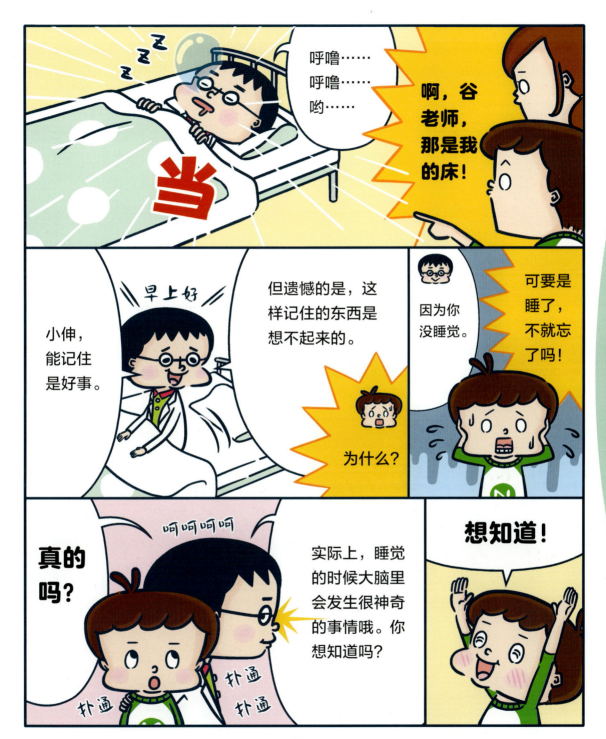

学习后
要是不睡觉……

信息在不停地输入，海马体来不及整理，大脑中的信息就会散乱，变得一塌糊涂。

哗啦——

哇，整理不了！！

堆积如山的信息

睡觉的时候会做梦，对吧？你可能不知道，梦境的内容非常多，是你醒来的时候能记得的内容的一百倍。梦境只有在睡眠的时候才会出现，这时大脑里的海马体正在拼命工作，取出清醒时输入大脑的信息，重新审视，好好整理。

写 写 写

咦，是什么来着？

因为大脑中的信息一片混乱，到了需要用到的时候反而想不起来了。

整整齐齐

学习后睡觉的话……

睡眠时间是给海马体整理信息的重要时间。要保证约8小时的睡眠！

睡觉的时候海马体会整理信息，等需要的时候就能很快想起来。

要把睡觉也当作学习的一环！

那么，如果一直不睡，坚持学习会怎么样呢？这样做的话，海马体就没有整理信息的时间了，这么一来我们需要信息的时候就没法马上想起来了。

所以，学习后的睡眠是非常重要的。有充足的睡眠时间才能保证在需要用到某些信息的时候能快速回想起它们来。

正在挑战复杂算式的数学博士。但是他在与算式面对面的时候找不到答案……

怎么也搞不懂的数学题，过了几天突然就懂了！弹钢琴时怎么也弹不好的段落，经过一晚的睡眠，就能弹好了！大家是不是有过这样的经验呢？

实际上，这都多亏了睡眠和做梦。在我们睡觉的时候，海马体会整理思考过的内容、回想弹琴时的指法。但这个时候做的梦在醒来之后大部分都想不起来。

就像这样，这种只须睡一觉，之前做不到的事情就能做了的现象叫作"重放效应"。

只要睡一觉，大脑里的内容就能升级，睡眠的力量真强大！

想要练熟一首复杂曲子的钢琴家。但是怎么练都练不好……

一点点学，一点点睡

一点点来！ 分散学习

假设三天后有一场考试。你是从考试的三天前起每天都学一点点呢，还是在考试前一天一口气学完呢？

把学习任务分解，一点一点地学的学习方式称为"分散学习"，用集中时间把学习任务一口气学完的学习方式称为"集中学习"。你认为哪种学习方式能获得较高的分数呢？

答案是，两种学习方式获得的分数都差不多。如果只看一场考试，用哪种方式都差不多。

一鼓作气！ 集中学习

但是，如果在第二天再考一次同样的内容，结果就大不一样了。一点一点地学的方式更能获得高分。也就是说，相比起"集中学习"，"分散学习"的遗忘速度更慢。

这是因为，在一点一点地学习的过程中经历了多次睡眠，海马体得以将信息进行整理。

好不容易记住的东西，忘了就太可惜了。学习要一点一点来！

学习中间夹杂着睡眠，一点一点地学！

一大早起来学习的人是"清晨型"，晚上睡觉前学习的人是"夜晚型"。你是哪一种呢？

实际上，大脑在早晨和晚上的运行模式是不一样的，所以要根据学习内容来决定是早上学还是晚上学。

如果是汉字和行政区划名等需要"背"的学习，在晚上进行比较好。为什么呢？因为马上就要到睡觉的时间，海马体会在睡眠时整理信息。

反过来，如果在早上进行需要记忆的学习，从早上到晚上我们又看了很多，听了很多，做了各种事情，到晚上睡觉时大脑里充满了各种信息。比起需要记忆的学习内容，早上最好进行需要理解分析的学习内容。

早上去背诵的话会怎么样呢？

信息进来了！

早上6点

62

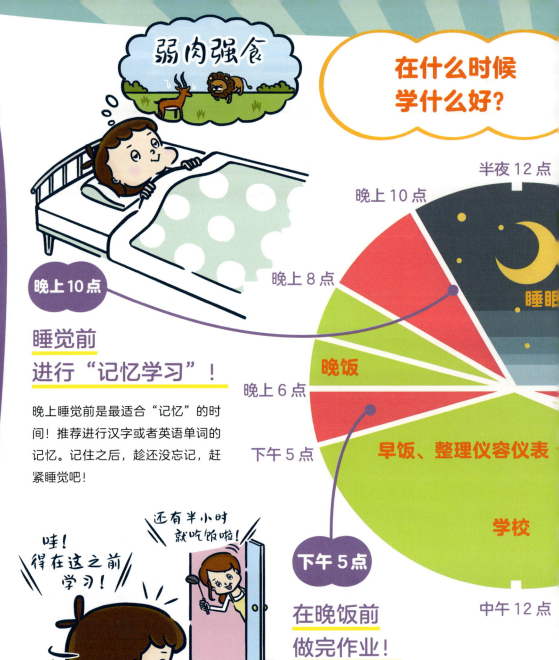

在合适的时间学习合适的科目，做好时间规划吧！

弱肉强食

在什么时候学什么好？

晚上 10 点

睡觉前
进行"记忆学习"！

晚上睡觉前是最适合"记忆"的时间！推荐进行汉字或者英语单词的记忆。记住之后，趁还没忘记，赶紧睡觉吧！

哇！得在这之前学习！

还有半小时就吃饭啦！

下午 5 点

在晚饭前
做完作业！

还记得第 44 页介绍的"狮子法"吗？晚饭前肚子饿的时候非常适合学习哦。趁这段时间做完家庭作业吧！

半夜 12 点
晚上 10 点
晚上 8 点
睡眠
晚饭
晚上 6 点
下午 5 点
早饭、整理仪容仪表
学校
中午 12 点

一天当中，有"现在适合学习这个"的各种时间段哦。

晚上睡觉前适合"记忆学习"。反过来，好好睡了一觉，早上起来神清气爽，这时适合解数学题、写作文等"理解学习"。

还有，吃饭前感到肚子饿的时间段也适合学习。反过来，肚子饱饱的时候，适合做自己喜欢的事情，悠闲度过。

巧妙利用大脑的运行机制和海马体的作用，做好学习时间规划吧！

早上 6 点

早上6点

要是能早起，就进行"理解学习"！

早上适合"理解学习"。做做数学题或语文阅读理解都不错。也推荐大家在早上阅读！

如何打造有干劲的大脑

伏隔核

我还在等你来找我呢!

干劲同学,怎么还不来啊?

发呆

不要等待有干劲的时候,要主动去激发!

要是坐等干劲来……

如果只是悠闲地等待有干劲的时候到来,大脑的伏隔核就一直不会工作。干劲是不会自行造访的。

谁都有"今天好像总是提不起劲来"的时候。

无论掌握了多少厉害的记忆技巧,制订了多么完美的学习计划,要是没有干劲就毫无意义。这时候就只能坐等干劲自己来吗?

这是错的!

要是
自己激发干劲……

先从必须做的事情着手吧！伏隔核开始工作后，10 分钟左右就有干劲啦。

干劲不是自行产生的，而是要靠我们去激发！

干劲是在大脑的伏隔核中产生的。伏隔核在人体静止时是不会工作的。只有当感应到人的身心活动时，它才会开始工作。

所以，一开始没有干劲是很正常的。只要不开始行动，干劲就不会产生。在行动的时候，伏隔核会逐渐产生出干劲。

"没有干劲"只是不着手去做的人的借口。不要光是等待干劲产生，重要的是要去激发干劲。

给自己鼓劲的四个小窍门

窍门 1 **按照事先定好的计划行动**

啊，到学习的时间了！

想要产生干劲，首先得着手去做。最后向大家介绍 4 个能快速开展行动的窍门！

决定好"到了 X 点就开始"后，不要多想，按时间表去做就好了！一旦开始，干劲就会自动产生。

相比一开始就给自己打气，说着"来，要开始了"却不去做的人，那些虽然不知能不能做到但还是着手去做的人的成绩要更好。

窍门 2 **与生活习惯密切结合**

把要做的事情和生活习惯密切结合之后，就更容易开始行动。

例如，事先定好"要在刷完牙之后记住三个汉字"。随着习惯逐渐养成，刷完牙不去记汉字就会觉得有点不对劲了。就这样，当记汉字完全成为生活习惯之后，记忆就轻而易举了！

这是每天早上的习惯！

套餐

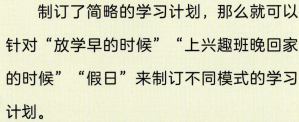

窍门 3 计划要简略一点

这个月的题目已经做了一半了！

嗯嗯

8月15周四

习题集 4

比起每天详细制订学习计划，如果按周或月制订简略的学习计划，效果会更好。

制订了简略的学习计划，那么就可以针对"放学早的时候""上兴趣班晚回家的时候""假日"来制订不同模式的学习计划。

但是，也有些人适合制订详细的学习计划。找到适合自己的方式吧！

窍门 4 对学习充满期待

你学习的理由是什么？

实际上，比起"想考高分"这个理由，以"学到新知识很开心"这个理由来学习，觉得学习很有趣，更能一直保持高昂的干劲。当然，学习效果也会更好。

不要在意考试的结果，对现在就在眼前的学习充满期待吧！

做成图表就更容易理解啦！

兴奋激动

兴奋激动

70

池谷裕二（IKEGAYA YUJI）

生于 1970 年。日本东京大学药学系教授。大脑研究专家。

1998 年于日本东京大学研究生院药学研究科取得药学博士学位。研究方向为神经生理学，主要研究大脑健康相关课题。自 2018 年起担任 ERATO 大脑 AI 结合项目的项目代表，目标为通过移植 AI 芯片至大脑来开拓新的智能领域。有《增强记忆力》《打造考试脑》等多部著作。

图书在版编目（CIP）数据

启动考试学习脑 /（日）池谷裕二监修；（日）小濑木勇绘；邹宇译 . -- 深圳：海天出版社，2022.8
ISBN 978-7-5507-3211-7

Ⅰ . ①启 … Ⅱ . ①池 … ②小 …… ③邹 … Ⅲ . ①学习方法－儿童读物 Ⅳ . ① G791-49

中国版本图书馆 CIP 数据核字（2021）第 130729 号

审图号：GS（2021）8471 号

启动考试学习脑
QIDONG KAOSHI XUEXI NAO

出 品 人	聂雄前
责任编辑	何廷俊
责任技编	陈洁霞
责任校对	万妮霞
装帧设计	童研社

出版发行 海天出版社
地　　址 深圳市彩田南路海天综合大厦（518033）
网　　址 www.htph.com.cn
订购电话 0755-83460239（邮购、团购）
设计制作 深圳市度桥制本设计有限公司
印　　刷 深圳市希望印务有限公司
开　　本 787mm×1092mm　1/24
印　　张 3.5
字　　数 60 千
版　　次 2022 年 8 月第 1 版
印　　次 2022 年 8 月第 1 次
定　　价 48.00 元

版权登记号　图字：19-2020-105号

BENKYO NO NO TSUKURIKATA OYAKODE MANABO! NO NO
SHIKUMI TO SAIKYO NO BENKYOHO
Copyright © 2019 Nihontosho Center Co.Ltd. Printed in Japan
Chinese translation rights in simplified characters arranged with
NIHONTOSHO CENTER Co., LTD
through Japan UNI Agency, Inc., Tokyo